КАРТУВАННЯ ПОТОКІВ СТВОРЕННЯ ВАРТОСТІ

Зменшення відходів та максимізація ефективності

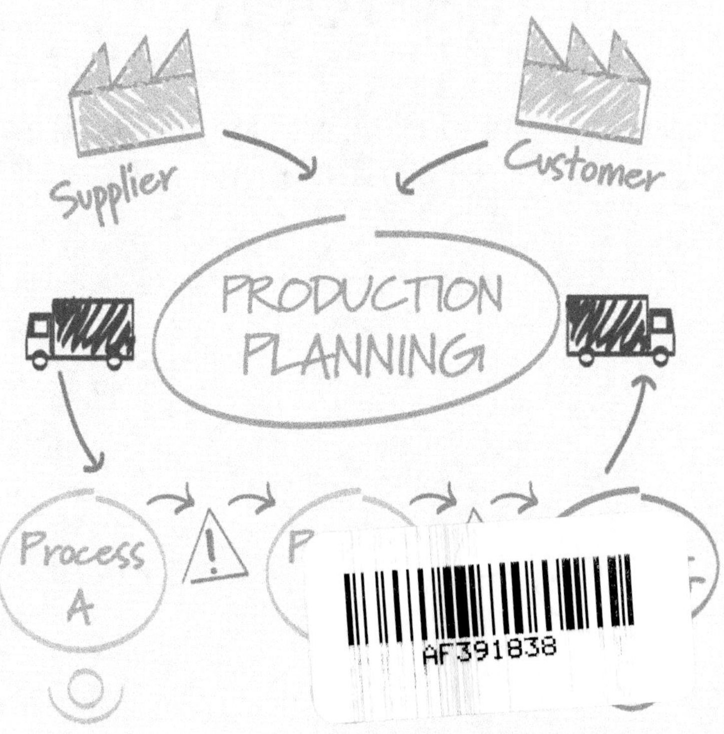

50MINUTES.com

КАРТУВАННЯ ПОТОКІВ СТВОРЕННЯ ВАРТОСТІ

Зменшення відходів та максимізація ефективності

напасаний Johann Dumser
перекладено Yaroslav Melnik

КАРТУВАННЯ ПОТОКІВ СТВОРЕННЯ ВАРТОСТІ

- **Назви:** картування потоків створення вартості (VSM), картування матеріальних та інформаційних потоків.

- **Застосування:** ця паперова діаграма включає всі виробничі та управлінські процеси і дозволяє користувачам зробити крок назад від поточного робочого процесу і реорганізувати його для підвищення ефективності. Використовується в аналізі вдосконалення процесів, інжинірингу процесів і безперервному вдосконаленні.

- **Чому він є успішним?** У деяких секторах промисловості та консалтингових послуг цей дуже ретельний інструмент картографування дозволяє користувачам візуалізувати та зрозуміти дії, здійснені (компанією або фізичною особою) між моментом, коли клієнт розміщує замовлення, та моментом, коли він отримує продукт або послугу.

- **Ключові слова:**

  - <u>Безперервне вдосконалення</u>: підвищення ефективності роботи компанії шляхом регулярного впровадження невеликих поліпшень.

  - <u>Кайдзен</u>: підхід до управління якістю через постійне вдосконалення.

- Час виконання: час, необхідний для виробництва або здійснення чогось.

- Ощадливий менеджмент – вид менеджменту, який охоплює всіх працівників і спрямований на усунення втрат, джерел неефективності, інгібіторів продуктивності та зайвих етапів у виробничому процесі.

- Ощадливе мислення – бізнес-методологія, яка має на меті забезпечити новий спосіб мислення. Цей тип управління підштовхує користувачів до аналізу організації людської діяльності з метою збільшення прибутку та розширення можливостей людей шляхом усунення втрат.

- Картування: представлення функціонування організації у вигляді діаграми.

- Ланцюжок створення вартості: етапи процесу виробництва продукту або послуги в хронологічному порядку.

- Стратегії «тягнути» і «штовхати»: це означає пропонувати продукт клієнту (штовхати) або давати клієнту те, що він просить (тягнути).

Незалежно від того, чи переживає компанія період кризи або зростання, вона завжди повинна мати точне уявлення про потік продукції та пов'язані з ним канали комунікації. Таке відображення має охоплювати весь виробничий процес для кожного продукту, що дозволить оптимізувати ефективність.

Оскільки всі підприємства, від стартапів, малого та середнього бізнесу до транснаціональних корпорацій, націлені на максимізацію прибутку, все більше керівників переходять на ощадливий підхід, який передбачає систематичне усунення відходів у виробничих процесах.

Ми всі можемо замислитися над тим, як здійснюються дії на нашому рівні компанії. Хоча важливо і навіть необхідно мати можливість регулярно ставити собі запитання, ми повинні усвідомлювати, що часто найбільше проблем викликає не те, чого ми не знаємо, а те, що ми помилково вважаємо істинним.

За цією логікою в деяких великих міжнародних компаніях були створені підрозділи, відомі як офіси управління проектами (Project Management Offices). Їх метою є стандартизація мови, що використовується в різних відділах, і координація проектів для заохочення постійного вдосконалення. З цієї комбінованої, конструктивної синергії виникає єдина методологія: кожного співробітника просять використовувати чітку мову, яку всі поділяють у всіх розпочатих ініціативах, з метою значного підвищення цінності для кінцевого клієнта.

Для того, щоб залишатися конкурентоспроможними (тобто отримати вищу якість, нижчі виробничі витрати або швидший виробничий цикл), організація обирає між кількома доступними методами. Одним з них є картування потоку створення цінності, який є одним з найуспішніших інструментів ощадливого виробництва, оскільки він використовує просту схему для свідомого виділення областей для вдосконалення та можливостей.

ВИЗНАЧЕННЯ МАПУВАННЯ ПОТОКУ СТВОРЕННЯ ВАРТОСТІ

Картування потоків створення цінності передбачає представлення операцій, інформаційних потоків та процесів обробки даних у вигляді діаграми.

Вона забезпечує реалістичний огляд операцій на місцях, а не так, як вони викладені в процедурах компанії. VSM завжди проводиться як частина аналізу процесів компанії. Аналіз процесів може бути запроваджений вищим керівництвом, операційним менеджером або менеджером з якості з метою підвищення ефективності, або запропонований постачальниками послуг (наприклад, консультантом з питань вдосконалення) для виявлення раніше невиявлених можливостей.

В ідеальному світі всі модифікації процесу супроводжувалися б перевіркою або навіть переглядом, якщо це необхідно, щоб з'ясувати, чи потрібні зміни в робочому процесі.

 ## ВІДХОДИ ЗА ТАЙІЧІ ОНО

Японський інженер і бізнесмен Тайічі Оно (1912-1990), який вважається засновником виробничої системи Toyota, у своїй книзі «Виробнича *система Toyota*» виділив сім джерел відходів (японською мовою – «*муда*»): *За межами великомасштабного виробництва*» (1988). Згодом їх кількість зросла до восьми джерел відходів:

- **перевиробництво**, тобто виробництво, здійснене раніше, швидше або в більшій кількості, ніж просив замовник;

- **виробничі запаси,** які включають запаси сировини, матеріалів, продукції трубопровідного транспорту та готової продукції;

- **очікування**, яке відноситься до часу очікування людей або деталей протягом виробничого циклу;

- **рух**, під яким розуміється марне переміщення людей або матеріалу під час виробничого процесу (рух операторів);

- **транспортування**, яке являє собою марне переміщення людей або матеріалів між виробничими процесами (переміщення об'єктів);

- **виготовлення бракованої продукції**, що включає в себе брак068 виробі, дефекти, повторення та виправлення в процесі виробництва;

- **додаткова переробка,** тобто переробка понад рівень, необхідний замовнику;

- **невикористаний талант**, який відповідає навичкам, що погано використовуються або не використовуються взагалі, в основному через відсутність підготовки або гнучкості у персоналу.

ТЕОРІЯ

VSM ТА СТВОРЕННЯ ВАРТОСТІ

Для того, щоб зрозуміти концепцію VSM, можна почати з окреслення трьох її складових: цінність, потік і відображення.

Значення

Ланцюжок створення цінності був введений у 1985 році американським професором бізнес-стратегії Майклом Портером (нар. 1947 р.) і спрямований на створення конкурентних переваг. Він базується на аналізі внутрішніх процесів і процедур компанії. Таким чином, кожна дія в ланцюжку повинна призводити до сприйняття того, що створена цінність (задоволеність) для кінцевого споживача, що може проявлятися у збільшенні обороту для компанії. Якщо термін «цінність» відноситься до оцінки суми, яку клієнти готові заплатити за отримання продукту або користування послугою, то дії, представлені в карті потоку створення цінності, можуть бути описані як «додавання цінності» або «не додавання цінності».

- Етапи створення **доданої вартості** включають всі види діяльності, які збільшують (ринкову або функціональну) цінність продукту в очах замовника; іншими словами, діяльність, за яку замовник готовий платити.

- Кроки, що **не додають вартості – це види** діяльності, які не приносять ніякої цінності продукту, що робить їх джерелами відходів. Хоча всі менеджери прагнуть позбутися цих кроків, деякі з них неможливо уникнути (без значних інвестицій).

Метою VSM є виявлення процесів, в яких на створення цінності витрачається мало часу по відношенню до загальної кількості часу, відведеного на виконання роботи (lead time). Необхідно визначити поліпшення, які необхідно застосувати до процесу в цілому, щоб збільшити частку створення цінності.

Stream

VSM узагальнює всі дії в ланцюгу постачання продукту або послуги, починаючи з початкового стану (А) і закінчуючи пропозицією цінності (В). Вона складається з серії процесів, викладених на основі часової шкали, що відповідає часу виконання, тобто часу між початком і завершенням процесу (А-В).

У VSM можна переглядати три категорії процесів:

- **керівні процеси** (управління, стратегія, контроль якості, екологія, безпека, фінанси тощо);

- **операційні процеси** (виробництво, проектування, розробка, доставка тощо);

- **допоміжні процеси** (закупівлі, управління персоналом тощо).

Картографування

Картування – це чіткий, простий спосіб візуального представлення функціонування бізнесу (при виробництві продукту або розробці послуги). Цей інструмент спрямований на роботу з цілим, а не лише з ізольованою частиною. Це означає, що аналіз фокусується не на рівні машини у виробничій лінії, а на рівні виробничої лінії в цілому.

Карта завжди повинна бути впорядкована за допомогою піктограм і повинна відповідати заданим стандартам, щоб бути зрозумілою для всіх учасників. Вона організована за трьома основними типами дій:

• інформаційний потік,

• матеріальний потік,

• цифри.

 З ЧОГО ПОЧАТИ?

Методика передбачає наступні кроки:

- відстеження процесу виробництва продукту, починаючи від замовника (потреби) і закінчуючи постачальником;

- візуально представляти кожну дію в матеріальному та інформаційному потоці;

- осмислення ключових моментів та складання майбутнього ланцюжка створення вартості.

ВСМ ТА ЇЇ ПЕРЕВАГИ

Використання VSM, як інструменту, має декілька переваг:

• пропонує простий, комплексний огляд всього процесу;

- включає всю інформацію, необхідну для візуального розуміння двох типів потоку (інформаційного та матеріального);

- визначає ознаки та причини виникнення відходів;

- координує мову, яка використовується для обговорення процесу, завдяки стандартизованим піктограмам та правилам, що полегшує командну роботу (аналіз, визначення сфер для вдосконалення, викладення ідей тощо).

У більш широкому сенсі, картування потоку створення цінності підтримує демонстрацію створення цінності та вирішення проблем. Воно встановлює ефективний, послідовний і міжгалузевий діалог між різними підрозділами компанії і заохочує розвиток культури досконалості.

ПРАКТИЧНЕ ЗАСТОСУВАННЯ

КРАЩІ ПРАКТИКИ – КРОКИ

VSM є частиною підходу DMAIC (Define, Measure, Analyze, Improve, Control), оскільки складання карти не є самоціллю: це лише перший етап у класичному дослідженні вдосконалення ланцюга створення вартості.

Крок 1: Визначення сімейства продуктів

Перш ніж проводити картування потоку створення цінності, необхідно вибрати сімейство продуктів для аналізу. Оскільки від цього вибору залежать шанси вашого підходу на успіх, йому слід приділити достатньо уваги.

Для того, щоб зупинити ділянку роботи, необхідно знати про можливі поточні проблеми та їх вплив. Наприклад, можна використати діаграму Парето (діаграма, яка відображає важливість різних причин явища; мета тут – окреслити робочу зону для проведення ОСМ) або запитати керівників різних підрозділів (наприклад, начальника виробництва або директора). Основні питання, які ви повинні задати собі

- Який обсяг товарообігу становить це сімейство продуктів?

- Яких збитків завдають ці продукти?

- Які шанси на успіх картування потоку створення цінності? (Не обирайте занадто складну або занадто просту сферу; не беріться за аналіз всього виробництва у вашій компанії або, навпаки, за аналіз одного, надто простого відділу).

- Яка стратегія виробництва?

 **N.B.**

Не дивуйтеся, якщо вас попросять вивчити процеси продуктового сімейства, яке приносить невеликий дохід. Це може виявитися розумним кроком, якщо воно відповідає за великі збитки.

Крок 2: Створення VSM поточного стану

Для того, щоб створити нову, вдосконалену версію карти ланцюжка створення вартості продуктового сімейства, перше, що потрібно зробити — це отримати точне уявлення про поточну ситуацію і нанести її на карту. Як все працює зараз? Хто чим займається? Скільки часу це займає? Як різні служби комунікують між собою? Які обов'язки та специфічні особливості кожної позиції в ланцюжку? Нижче детально розглядаються різні етапи складання карти. Мета тут полягає в тому, щоб провести інвентаризацію матеріальних та інформаційних потоків, спробувати зрозуміти поточне функціонування цеху або відділу, розрахувати час виконання і зрозуміти джерела і причини відходів.

- **Нульова фаза: підготовка**

  - Почніть зі спостереження за діяльністю заводу або служби.

  - Зберіть точну, актуальну інформацію від імені особи, яка бажає отримати цей ВСМ. Якщо необхідно, зробіть виміри на місцевості за допомогою таймера, пройшовши свій шлях по ланцюгу сировини та інформації.

  - Почніть свій маршрут із замовника і рухайтеся назад через виробничий процес. Складіть список процесів, які найбільш тісно пов'язані з кінцевим споживачем, щоб визначити, що є абсолютно корисним для нього.

  - Ескіз проекту виконати від руки на одній стороні аркуша паперу формату А3 або А4.

- **Перший етап: замовник**

  - У правому верхньому куті напишіть «замовник».

- **Другий етап: виробничий процес**

  - Використовуйте іконку «процес» (матеріал, що проходить операції) і:

    ‣ згрупувати позиції, що належать до одного процесу, під однією піктограмою;

    ‣ включіть важливу інформацію про процес у поле нижче (наприклад, тривалість циклу, час доданої вартості, період часу, час виробничої зміни, кількість кожної деталі на годину, наявний робочий час і т.д.).

  - Скористайтеся іконкою «акції».

- **Третій етап: постачальник**

  - У верхньому лівому кутку напишіть «постачальник».

  - Вказати частоту та спосіб постачання (як інформацію поруч з постачальником):

    - велика стрілка вказує на первинну поставку між двома заводами;

    - вантажний автомобіль (або катер, літак тощо) вказує на спосіб доставки.

- **Четвертий етап: інформаційний**

  - Намалюйте пряму лінію для фізичних інформаційних потоків (наприклад, поштою) або зигзагоподібну лінію для електронних інформаційних потоків.

  - Частоту (надсилання або передачі) вкажіть у полі збоку.

  - Вказати спосіб (інтернет, паперовий тощо):

    - режим виштовхування, який базується на прогнозі потреб для процесу нижче за течією, часто призводить до утворення проміжних запасів між процесами;

    - режим витягування, який представляє собою виробничий попит від процесу переробки до процесу видобутку, зменшує кількість виробів у виробництві.

- **П'ятий етап: графік**

  - Проведіть лінію під полями виробничого процесу та піктограмами запасів, щоб розрахувати час виконання замовлення, тобто весь час, необхідний для кожного етапу (що відповідає часу обробки), а також час зберігання.

- **Шостий етап: завершено картування ланцюга створення вартості**

  - Після того, як карта поточної ситуації буде завершена, починайте аналізувати та спостерігати за сферами відходів та окреслювати можливі покращення для створення ВСМ майбутнього стану, до якого ви прагнете.

Крок 3: Аналіз

Після завершення цього етапу необхідно детально проаналізувати та спостерігати за матеріальними та інформаційними потоками, щоб визначити, що працює ефективно, а що – не дуже. Цей етап є особливо важливим, оскільки він дозволяє виявити втрати та сфери, що потребують вдосконалення. Переконайтеся, що ви залучили правильних людей: будь то керівники служб, учасники процесу або керівники проектів, які будуть здійснювати нагляд за переходом, вони повинні бути відкритими до вдосконалень і змін.

Ця вправа має бути добре підготовленою і добре презентованою, щоб не квапити людей, чия робота пов'язана з ВСМ. Мета тут полягає в тому, щоб показати їм, що можна зробити їх роботу більш прибутковою і створити більше цінності для замовника, незалежно від того, чи є він внутрішнім або зовнішнім. Як правило, просте врахування основних факторів покращення, наведених нижче, матиме вплив на кінцевий результат:

- виробництво «точно в строк»;

- загальне впровадження безперервного потоку там, де це можливо, з метою скорочення або навіть ліквідації запасів, або введення супермаркетів (проміжних запасів, керованих партіями Канбан);

- групування всієї інформації про замовлення клієнта в єдиний процес (відомий як «процес кардіостимулятора»), який керує іншими процесами.

Крок 4: Створення ідеальної держави ВСМ

Озброївшись своїми спостереженнями і запланованими заходами, цей крок дозволить вам скласти карту, що деталізує можливості для поліпшення, виявлені раніше. Кінцевою метою VSM ідеального стану є скорочення часу, що не пов'язаний з доданою вартістю, таким чином, щоб загальний час був максимально наближений до часу, пов'язаного з доданою вартістю. Загалом, для складання поточного стану та ідеального стану VSM потрібно близько трьох-п'яти робочих днів.

Крок 5: Визначення плану дій

Для кожної зміни команда, відповідальна за проект, організовує план дій. Важливо кількісно оцінити пов'язані з цим вигоди та рішення (витрати/ресурси), щоб переконати вище керівництво в доцільності передбачених дій та забезпечити їх затвердження. Реалізація плану дій може зайняти кілька місяців або навіть кілька років.

Крок 6: Імплементація

Після того, як бюджет затверджено, управління ризиками здійснено і організація зупинена, настає час втілювати план у життя. Це включає в себе розробку, прийняття, навчання співробітників та управління змінами.

РЕКОМЕНДАЦІЇ

Є дві основні сфери, на які слід звернути особливу увагу: організація команди та методологія.

Якщо ВСМ погано зрозумілий, це призведе до втрати часу.

ТЕМАТИЧНЕ ДОСЛІДЖЕННЯ

Ми зосередимося на поточному стані ЗСП вигаданої компанії Forest LPC, яка займається виробництвом меблів. Товарна
сім'я, яку ми досліджуємо в цій вправі, — табурети.

Перший етап: замовник

- Клієнт розміщується у верхньому правому куті.

Другий етап: Виробничий процес

- Цей етап складається з чотирьох процесів: фарбування, складання, пакування та відвантаження.

- Поряд з кожним процесом вказані робочі місця та важлива інформація (тривалість циклу, час переналагодження або переналаштування машини для виробництва іншого продукту, зміни і т.д.).

- Також заповнюються проміжні запаси на кожному етапі.

Третій етап: Постачальник

- У верхньому лівому кутку вказано постачальника.

- Щотижневі поставки здійснюються автомобільним транспортом.

Четверта фаза: Інформаційний

- Щотижневі прогнози попиту надсилаються замовником на електронну пошту компанії.

- Замовлення передаються постачальнику факсом.

- Для кожної внутрішньої посади в компанії складено тижневий графік роботи.

- Тоді інформаційні та фізичні (або матеріальні) потоки будуть чітко представлені.

П'ятий етап: Хронологічні рамки

- Під вікнами виробничих процесів та піктограмами запасів додається часова шкала.

- Процедура триває 19 днів, а час обробки становить 365 секунд.

Шоста черга: Завершення будівництва ЗПС

Таким чином, картування поточної ситуації завершено. Тепер настав час проаналізувати її, виявити зони марнотратства та визначити можливі шляхи покращення. Ми можемо перерахувати наступні джерела покращення, включивши їх на діаграму, що дозволить нам підготувати карту цільової ситуації:

- планування на основі тижневих замовлень клієнтів, а не прогнозів;

- створення витяжної системи планування виробництва;

- створення супермаркету безпосередньо перед початком фарбування;

- усунення браку при фарбуванні;

- об'єднання процесів пакування та відвантаження.

ОБМЕЖЕННЯ ТА КРИТИКА

Поряд з багатьма перевагами, картування потоків створення вартості має і певні обмеження.

- **Можливі помилки при складанні карти.**

  - Помилки можуть закрастися через некоректний збір, транскрипцію або аналіз даних. Щоб уникнути цього, залучайте експертів, які можуть об'єктивно подивитися на ситуацію, та мультидисциплінарні команди.

  - Завжди звертайте увагу на те, що ви аналізуєте, адже деякі процеси не потребують перегляду.

- **Це лише інструмент.** Картування потоку створення цінності не є самоціллю, воно виявляє проблеми в компанії, допомагає користувачам замислитися і, перш за все, має спонукати до дій.

  Немає сенсу аналізувати, якщо ви не розробили план дій! Переконайтеся, що ви не застрягли на етапі аналізу. Крім того, якщо над проектами ощадливого виробництва працюють різні групи, вам слід подбати про те, щоб добре їх координувати, щоб отримати найкращі результати від усіх проектів.

- **Нехтування людським і соціальним аспектами.** VSM — це технічний інструмент, який має справу лише з фізичними аспектами, взаємодією та управлінням потоками. Він не враховує соціальні, людські та організаційні аспекти, які, тим не менш, є дуже важливими в ощадливому проекті. Ця тенденція ще більш помітна в промисловому секторі, де менеджери дуже зосереджені на технічній стороні справи, але менш схильні думати про людські проблеми.

- **Обмеження використання стандартизованих символів.** Існуючі символи можуть стримувати пошук інноваційних рішень. Однак інновації стають все більш необхідними для компаній, які намагаються залишатися конкурентоспроможними.

СПОРІДНЕНІ МОДЕЛІ ТА РОЗШИРЕННЯ

DMAIC

Модель DMAIC (Define, Measure, Analyze, Improve, Control) – це структурований підхід, який дозволяє користувачам вирішувати проблеми. Вона надає команді з безперервного вдосконалення п'ятиступеневу базу для роботи. У цьому потужному методі ощадливого управління проектами етап визначення є ключовим.

- Визначити: ідентифікацію об'єкта дослідження та опис мети роботи, яку має виконати команда.

- Захід: збір інформації для заповнення карти процесів та визначення показників ефективності для ефективного моніторингу проекту.

- Аналіз: виявлення причин виникнення проблем та аналіз їх джерел.

- Покращити: пропонування рішень, планування дій, реалізація обраних заходів.

- Контроль: порівняння очікуваних ефектів та результатів, отриманих після впровадження рішень, комунікація по проекту, огляд для формування висновків.

Ощадливе виробництво

Цей добре відомий метод усунення відходів вимагає певного колективного інтелекту для досягнення переконливих результатів: команди, що працюють над цим ощадливим проектом, повинні бути мотивованими, скоординованими і рішуче налаштованими на пошук рішень. П'ять ключових елементів:

- визначення доданої вартості з точки зору споживача;

- ідентифікація ланцюга створення вартості з урахуванням різних стадій виробництва;

- особливу увагу на потоки, переконуючись, що етапи створення доданої вартості не зупиняються;

- витягувати потоки, надаючи пріоритет замовленням клієнтів, а не прогнозам;

- досконалості шляхом постановки амбітних цілей та запровадження динаміки безперервного вдосконалення.

Кайдзен

Кайдзен в перекладі з японської означає «безперервне вдосконалення» і базується на щоденному впровадженні невеликих удосконалень, до яких залучаються всі люди, що беруть участь у цьому процесі і докладають необхідних зусиль.

Кайдзен не відразу призводить до вражаючих результатів, оскільки впроваджується повільно, але часто виявляється набагато ефективнішим у довгостроковій перспективі. Його можна протиставити інноваціям, які потребують значних інвестицій і передбачають раптові зміни.

SIPOC

Цей інструмент моделювання передбачає складання загальної таблиці функціонування макропроцесу. Діаграма SIPOC (Suppliers, Inputs, Process, Outputs, Customers) дозволяє користувачам визначити межі макропроцесу, узагальнити вхідні та вихідні дані, а також визначити постачальників та споживачів. Але будьте уважні: вона відображає лише матеріальні потоки.

РЕЗЮМЕ

- VSM є ключовим інструментом ощадливого виробництва. Він спрямований на виявлення джерел відходів у ланцюжку створення вартості для певного сімейства продуктів.

- Сьогодні ВСМ використовується у всіх галузях промисловості, оскільки відповідає на загальну і зростаючу потребу в зниженні виробничих витрат.

- Починати ощадливу трансформацію доцільно зі складання карти потоку створення цінності. Необхідно знати не тільки різні етапи, а й найкращі практики, щоб забезпечити чітке уявлення про процедури, з яких складається компанія.

- Поточний стан та ідеальний стан ВСМ є частиною методу безперервного вдосконалення. Цей метод використовується не тільки для опису поточної ситуації, а й для того, щоб уявити і встановити більш ефективну, більш оперативну, менш витратну і більш скоординовану майбутню ситуацію. Схема інформаційних і матеріальних потоків дозволяє користувачам вирішувати відразу два питання: скорочення відходів і поліпшення умов праці.

- Контекст організації навколо проекту має важливе значення для забезпечення його успіху. Мультидисциплінарні команди, що включають людей, максимально наближених до місцевості, і тверда прихильність вищого керівництва є ключовими факторами такого підходу до змін.

- Нарешті, важливо також усвідомлювати обмеження цього методу. Зокрема, VSM не зосереджується на аналізі соціальних, психологічних та організаційних аспектів.

- ВСМ є одним з найпоширеніших методів завдяки простоті використання та ефективності, що спонукає користувачів до роздумів.

ЧИТАТИ ДАЛІ

БІБЛІОГРАФІЯ

Девіс, Дж. (2006) *Ощадливе виробництво*. Нью-Йорк: Industrial Press.

Fouque, F. (2009) *À la découverte du Lean Six Sigma*. Mions: Édition Fouque.

Hohmann, C. (2009) *Techniques de productivité. Comment gagner des points de performance pour les managers et les encadrants*. Paris: Éditions Eyrolles.

Hohmann, C. (Без дати) Ощадливе підприємство. *Christian. Hohmann.fr*. [Онлайн]. [Accessed 26 July 2017]. Available from: <http://christian.hohmann.free.fr/index.php/lean-entreprise>.

Інститут ощадливого виробництва. (Без дати) Що таке Lean? *Lean.org*. [Онлайн]. [Accessed 26 July 2017]. Available from: <https://www.lean.org/whatslean/>

Оно, Т. (1988) *Виробнича система Toyota: За межами великомасштабного виробництва*. Нью-Йорк: Productivity Press.

Портер, М. Е. (1985) *Конкурентна перевага: Створення та підтримка вищої продуктивності*. Нью-Йорк: Вільна преса.

Ротер, М. та Шук, Д. (1999) *Вчимося бачити*. Нью-Йорк: Productivity Press.

Субраманіам, А. (2010) ВСМ – сьогодення та майбутнє: Як максимізувати загальний потік? *SlideShare*. [Онлайн]. [Доступно 26 липня 2017 року]. Доступно з: <https://fr.slideshare.net/anandsubramaniam/vsm-current-future>.

Вомак, Д. П. та Джонс, Д. Т. (1996) *Ощадливе мислення*. Нью-Йорк: Вільна преса.

ДОДАТКОВІ ДЖЕРЕЛ

Веб-сайт Conceptdraw: http://conceptdraw.com/samples/quality-VSM

Веб-сайт Marris Consulting: http://www.marris-consulting.com/

Веб-сайт Strategos: http://www.strategosinc.com/

ВІДЕО

Група Карен Мартін. (2014) *Картування потоку створення вартості: Тематичні дослідження*. [Онлайн]. [Доступно 26 липня 2017 року]. Available from: <https://www.youtube.com/watch?v=ZPNq5k24vgY&feature=youtu.be>.

Ми хочемо почути вас!
Залишайте коментарі в онлайн-бібліотеці
та діліться улюбленими книгами в соціальних мережах!

Майстер ISBN: 9782808601139
Паперовий ISBN: 9782808602587
Юридичний депозит: D/2022/12603/259

Цифровий дизайн: Primento,
цифровий партнер видавництва.

www.ingramcontent.com/pod-product-compliance
Lightning Source LLC
LaVergne TN
LVHW010848200726
843508LV00012B/2811